만인시인선 · 31

분홍 물갈퀴

이정환 시집

분홍 물갈퀴

만인사

시인의 말

무수한 노래를 불렀지만, 나는 아직 목이 마르다.
눈을 뜨면 붓을 들고,
눈 감고 누웠어도 붓을 놓지 않는다.

미선나무 아래 삐걱거리는 배를 대고
먼 데 하늘을 본다.
구름결이 눈부신 늦봄의 하오,
붉은 꽃잎들이 눈앞에 뚝뚝 지고 있다.

노래가 그치는 곳에 나의 묘지는 있으리라.

차 례

차 례

2

3

차 례

4

5

차 례

6

| 시인의 산문 |

1

간절곶

저 바다 물결만큼 간절하지 못했던

가슴을 쓸어본다. 간절곶에 이르러

봄 바다 드센 파도를 온몸으로 맞는다

간절하지 못하여 당도할 수 없었던

그 문전 그 안뜰의 은연한 수선화 향기

간절곶 벼랑에 이르러 시리도록 안는다

새와 수면

강물 위로 새 한 마리 유유히 떠오르자

그 아래쪽 허공이 돌연 팽팽해져서

물결이 참지 못하고 일제히 퍼덕거린다

물 속에 숨어 있던 수천의 새떼들이

젖은 날갯죽지 툭툭 털며 솟구쳐서

한 순간 허공을 찢는다, 오오 저 파열음!

청둥오리 분홍 물갈퀴

허공을
칼질하는
또 다른 저 날갯짓

늪이 거느린 몇 만평 넉넉함에 안겨

침묵의
무늬를 찢는
분홍 빛깔 물갈퀴

봄의 자책 · 1

저 새떼들을 다 날려 보내고 나서 이제 무엇을 하랴, 무엇을 더 바라랴

꽃피기를 기다린 것은 석달 열흘이었어도 한번 망울 맺어 피기 시작하고부터 저리 흐드러지기까지 숨 막히기를 또 그 몇 번이었던가, 황홀을 견딘다는 것, 황홀을 우러른다는 것은 뼈를 마르게 하는 일이거늘, 입술에 불 인두 대듯 타는 목마름이거늘 새떼들, 저 수천의 자줏빛 새떼들을 다 날려 보내고 나서 이젠 무엇을 붙들고 울음 울 것인가

무엇을 부둥켜안고 다시금 숨 막힐 것인가

봄의 자책 · 2

꽃피어 자책합니다. 참 많이도 모자랐지요

저 꽃들이, 무수한 꽃송이, 송이들이 당신의 귀엣말인 듯하여 낯을 들지 못합니다. 감히 무어라 고개 들어 답하지를 못합니다

밤 새워 지키고 선들 어쩌지를 못합니다

유도화, 너는

1

유도화 붉어도
서럽지 않은 밤

땅이 타오르면서 가지마다 번져 올라

잊었던
그날의 노래
이제도 붉음을 알겠다

2

무장
그리운 이의
앞섶자락을 보는 듯

유도화 너는 시방 높다랗게 선 채로 붉어

파도를
꺾으며 우는
한 사내를 붙들겠다

그 봄날의 꽃잎들

1
결코 떨어져 묻혀 썩은 것이 아니다
씨 둘레에 촘촘히 박힌 그 봄날의 꽃잎들

칼끝에
베어져 나와
향기를 흩고 있다

2
꽃잎들 차곡차곡 속살로 채워지는 것
산비탈은 여지껏 지켜본 것이다

그렇다
바람과 햇볕이
그 일을 하는 동안

3

결코 스러져 묻혀 흙이 되지 않은
씨 둘레에 촘촘히 박힌 그 봄날의 아지랑이

복숭아
속살로 붉게
몸을 열어 보인다

먼 별자리

1
그리워하고 사랑하고 지키겠다, 다짐하며

눈물을 닦아주던
즈믄 날의 즈믄 밤

파수꾼
두 눈에 맺힌
별빛 또한 푸르렀던,

2
삶은 파괴할 성채가 아닌 것이다

끊임없이 꿈꾸더 우러를 먼 별자리

한 줌 흙
물결에 실려
멀리 흘러갈 그날에도

산은 종내

너를 묻을 수 있는 산이 참 많아서
너는 종내 죽지 않고 골짜기를 건넌다

달빛이
네 등허리에
눈처럼 내리는 밤

산은 종내 너를 묻을 수가 없어서
바람은 너와 함께 들녘까지 내려가서

잘 익은
벼이삭들 앞에
걸음을 멈추게 한다

황금빛은 새떼들의 아랫배를 중천으로 밀어올린다

놀지는 서녘으로 무한정 펼쳐져
지친 눈동자를 쓰다듬는 황금빛

새떼들
아랫배 가득

중천으로
밀어올리는

2

애월 바다

사랑을 아는 바다에 노을이 지고 있다

애월,하고 부르면 명치 끝이 저린 저녁

노을은 하고 싶은 말들 다 풀어놓고 있다

누군가에게 문득 긴 편지를 쓰고 싶다

벼랑과 먼 파도와 수평선이 이끌고 온

그 말을 다 받아 담은 편지를 전하고 싶다

애월은 달빛 가장자리, 사랑을 하는 바다

무장 서럽도록 뼈저린 이가 찾아와서

물결을 매만지는 일만 거듭하게 하고 있다

미선나무 아래 배를 대다

미선나무 아래 배를 대는 당신은
삐걱거리는 목선의 숨소리를 듣는다

다리가
후들거리는
초평 저수지 물가

미선나무 아래 배를 대는 당신은
여름 한낮 뙤약볕에 그만 두 눈이 감겨

진초록
못물 속으로
홀연히 잠겨든다

미쳐도 꽃가지에

1

빛 부신 구름결
진초록 젖은 숲

꼭두서니빛 아미와 오디빛 깊은 눈망울

끝내는
미치고 미쳐야
아니 미칠 것이다

2

미쳐도 꽃가지에 미쳐버린 것이다

미쳐도 꽃바람에 미쳐버린 것이다

물결도 꽃물결에 그예 미쳐버린 것이다

다시 애월에 와서

모든 사랑은 애월로부터 비롯되어
바다에 다다라 일만의 파도가 된다

한번도
아파해 앓는
부딪침을 보아라

꺾이어지는 것을 두려워하지도 않고
우격다짐으로 바위섬을 내쫓지도 않는다

발길을
붙드는 애월
타는 노을을 보아라

모든 사랑은 백록담으로부터 비롯되어
무지개처럼 온통 섬 하늘에 드리워져

네 속의

속뜰의 잎에
햇살 드는 것 보아라

플러그

사랑을 다시금
회복하기 위해서는

나는 전원에 그리고 너는 내 몸에

깊숙이
뿌리를 박고
부르르 떨어야 한다

아무 것도 아닌 양으로 여기지 말라

이미
모든 것이
다 채비되어 있다

불같은
기운을 입을
때가 도래하리니

봄밤

봄밤
깊어 가느니,

몸을 나눈 이여

하목정
십리 벌 하늘

청매화 뒤덮여서

봄밤은
깊어만 가느니,

그예 몸을 거둔 이여

수척함에 대하여

잠시라도 아무것도 보이고 싶지 않아 골짜기로 불러들인 안개는 자우룩하여 그 동안 더 많은 잎들을 떨어뜨리게 하고 있다

별 나면 여지없이 다 드러나고 말 테지만 가을 산은 이따금 이런 아침을 마련한다. 안으로 아픔을 삭이는 시간이기 때문이다

폭포

너는 나에게 말하지 말 것을 이른다
너는 나에게 바람의 뜻 읽으라고
구름과 물소리의 속내 헤아리라 이른다

나는 더 이상 아무런 말도 못한다
그저 귀를 열고 듣고 있는 것이다
이따금 하늘을 아프게 쳐다보는 것이다

너의 肖像

1

내 속엔 무수한 짐승떼들이 산다
내홍을 견디다 못해 마침내 불붙은 산

등짝에
불화살 맞은
내란의
짐승떼들이 산다

2

나는 도적이다, 그리움으로 채워진
궤짝을 훔친

나는 도적이다, 그 궤짝 등에 짊어지고

천년의
분화구에 뛰어든
슬픈 도적이다, 나는

3

아아, 이리도 가슴을 후려치는
북채가 있어

마침내
둥기둥 울리는 봄날의 북이 되었구나

꽃처럼
찢어지곤 하는
애련의 북이 되었구나

등 맞대고 앉아

목구멍으로 뜨겁게 내려가는 그리움!

번갯불처럼 다시 게워 올릴 길은 없어

깊은 밤
등 맞대고 앉아
울음 우는 것이다

3

명곡리 살구나무

바람과 햇볕, 흙과 물줄기가 힘을 모아 저 남녘 기슭에 들어 올린 꽃궁궐 한 채

천년을 갈듯 만년을 갈듯 환하다, 덩그렇다, 겨우내 어둠침침하던 눈앞에 수천의 꽃등을 밝혀 놓은 듯, 이렇게 살아라, 이렇게 살아라, 우레마냥 우렁차게, 멀찍이서 외치듯 아아, 그렇게……

발목을 붙들어 놓고 놓아주지를 않는다

벚꽃나무 아래서

구름궁궐을 이토록 가까이서 머리 위에 이고 서 본 일 일찍이 없었으니,

때로 수천수만 송이의 꽃잎들을 아낌없이 흩뿌려 땅을 온통 뒤덮고도, 슬픈 기색 전혀 없이 하늘을 드높이 받들고 섰으니, 헤아리기 어려워라, 구름궁궐 속에 저토록 많은 꽃송이들이 박혀 있었다니, 박혀서 꽃 울음 터뜨릴 날 하냥 기다리고 있었다니, 헤아리기 어려워라, 저 하늘의 일을, 하늘이 내려 보낸 구름결의 말을

숨 막혀 죽어도 좋을, 파묻히어 썩어도 좋을

봄날의 흙 한 줌

마구 내리닫는 가파른 산길을 가로질러 새떼들이 날아간다. 오 봄날의 흙 한 줌에 날개가 돋친 것이더냐?

누군가가 참꽃 만개한 산비탈 한 머리, 간밤의 이슬비에 젖은 흙 한 삽을 깊숙이 퍼내어서 훅, 흩뿌린 그 흙덩이들에 일순간 눈알이 박히고, 목구멍으로 숨결이 불어 넣어지고, 두 날개가 돋쳐서 열댓 마리의 참새 떼가 되어 눈앞을 날아오른 것이더냐?

진실로 그러하다면 삽질을 또 할 일이다

자줏빛 하늘길

1

저 수천의 꽃송이들, 떠난다는 말 한 마디 없이
바람이 불든 불지 아니 하든 제 길을 가고 있다

한 줌의 하늘이기를
마다하지 않고 있다

2

꽃이 아니라
자줏빛 새떼로다

꽃잎 죄다 떨어져
흙으로 돌아갈 때

자줏빛
새떼들도 홀연히
날아오를 것이다

3

꽃잎의 길을 이제 뒤좇아 가리라

눈물 흩뿌려도
저만치 가는 봄날

저만치
날아오른 새떼들의
자줏빛 하늘길을

저, 못물을

멀리 산비알 한 모롱이 살구나무 한 그루 궁궐을 짓고 선 곳에 눈길이 붙들려 내쳐 내달려 오른 명곡리 오르막길 지나 다시금 또 멀리 왼편 산기슭 아래 자리한 용연사 절 한 채가 마음 길을 끌어당기는 비탈을 내리닫다가 문득 오른쪽 어깨 죽지, 오른쪽 관자놀이를 잡아 끄댕기는 맑은 기운을 느끼나니,

우거진 솔숲 사이로 푸릇푸릇 얼비치는 저것, 저 웅숭깊은 것, 흡사 하늘이 한 마장 내려와 고여 앉은 듯한 저것, 오오 저 새파란 못물의 기운, 아름드리 소나무들이 사시사철을 가리고 선 저것, 자 푸르디푸른 영혼의 일렁임, 골골이 뻗은 나무뿌리를 타고 오르는 어기찬 설렘과 울림, 끌림과 떨림에 오른쪽 기슭으로 온몸이 온통 기울어지고 있나니, 오른쪽 어깨 죽지, 오른쪽 관자놀이가 일순 서늘해지나니,

못물을, 저 못물을 이제 잔등에 짊어질 봄이로다

다시 저, 못물을

못물을 보면 견디지를 못하는 새, 참지 못하는 바람과 구름, 산개여울물과 송사리 떼, 조약돌들

푸른 못물이 있어 출렁출렁 숨 쉬며 쉼을 얻고 있는 넉넉한 못물이 있어 산의 푸른 아가미, 산의 젖은 아가미, 못물은 늘 저렇게 잔잔히 떨며 새들을 부르고 고라니를 부르고, 바람과 구름을 목청껏 부르나니,

영혼이 마지막으로 가서 드러누울 둥근 물의 관이여

편력

1

바람에 기대어 비탈에 선 적이 있다
구름 깔고 앉아 멀리 흘러간 적이 있다

하늘빛
나비와 같이
스러져간 적이 있다

2

어느 뉘 눈빛 속에 숨어든 적이 있다
그 가슴 찢을 듯 가시 돋친 말끝에

어둠에
에워싸여서
옥죄인 적이 있다

3

더는 내딛지 못할 벼랑 끝에 섰을 때
바닥을 치며 올라오는 절망의 힘을 본다

네 안에
들끓는 마그마
용솟음칠 하늘 길을

조팝꽃

1
한 가지의 꽃송이를 세어보는 데도
하룻밤은 족히 걸릴 것만 같아서

희디흰
꽃가지 위에
어둠 내려앉는다

2
내려앉는 어둠을 하얗게 세고 있다

꼭하니
눈부시다거나
황홀타 이를 수 없는

어둠의 알갱이들을 하얗게 세고 있다

만추에

녹슬거나 검붉게 삭아 내리고 있거나
굳이 거부하지 않는 깊숙한 눈빛으로

우듬지
지나는 바람
이젠 올려다보겠다

옹골차던 한 시절에 매일 일이 못되어
하늘 휘젓던 날에 연연해할 일도 못되어

발 앞에
굴러온 가랑잎
가만 내려다보겠다

가을날의 시

햇살 한 줌으로도 따뜻할 수가 있다 벼이삭 한 다발로도 넉넉해질 수 있다 하늘이 깊을 대로 깊어 우련 멀어진 날에 편지 쓰기에 참 좋은 단풍빛 날들이다 구름도 읽으려하고 바람도 들으려하는 마음에 떠오르는 대로 받아 적은 사연들 읽지 않아도 그대, 이미 다 헤아리리 한 포기 코스모스가 언덕을 흔들 때 풀무치 날개에 실려 날아오르는 말들을 억새풀이 함께 모여 바람을 불러 보잔다 까마귀들 벼랑 끝에서 목놓아 울어 보잔다 솔잎을 씹으며 걷는 머리 희끗한 이에게 말을 아껴도 될 날이 연이어지고 있다 산이 눈짓하고 들이 어우러져 웃는데, 하늘은 카랑카랑하여 서늘히 덮고 있다

12월 밤의 시

달력 끝자락에 눈물이 어룽거려 종내 열두 달이 다 젖어 푸른 밤, 하늘은 깊이를 숨기고 자못 아득해진다 이젠 안으로 자신을 들여다볼 때 진종일 지켜봐도 그 깊이 헬 수 없는 산비알 못물과 같은 자신을 다독거릴 때 오지 않을 이를 늦도록 기다리듯 첫눈을 바라는 눈빛은 깊어져서 어두운 책상을 당겨 편지를 쓰게 한다 어디쯤서 홀로 별빛을 우러를까 겨울시집 몇 쪽을 넘기고 있을까 누군가 그리다가 아아 붓끝 젖어 떨리는 밤

모래시계

잘게 부서지면서 아래로 흘러내리는
열꽃 같은 시간, 목덜미를 조여 오고

입안에
가득한 모래
어금니 새에 박힌다

4

유등 연지

꽃이 핀다,
누군가 마악 숨을 거두고 있다

유등 연지,
연꽃 한 송이 툭툭 터질 때마다

누군가,
하늘 끝자락에 발뒤꿈치를 붙인다

우도의 시

살아서도 못 떠나고
죽어서도 못 떠나서

하늘 가까운 언덕에 비스듬히 누운 이들

살아서
빛나는 것들을
내려다보고 있다

아무 것도 남긴 것이 없다고 말하랴
남긴 것이 하 많아 한이라고 말하랴

파도에
다 깎이기에는
그저 아득할 뿐인데…….

마라도

이제사 설움의 끝과 맞닥뜨려 섰구나

어찌 눈물 없이 네 아미에 입맞춤하랴

치솟는 저 흰 포말을 그리움이라 부를까

뭍과 떨어진 거리 그만큼의 슬픔을 안고

파도에 다 깎이어 자취 없을 그날까지

섬이여, 너는 그렇게 온몸으로 우는 것이다

우도, 고래콧구멍굴 속에 앉아

뻥, 뚫려서 그대로 먼 바다를 향한 채
누군가의 발길과 온몸을 바짝 끌어당겨

입 열어
노래하게 한다
못 견디게 만든다

갖가지 문양으로 패이고 이지러진 자리
그것은 이제 너의 내면이라고 해야 옳다

쉰 해를
부딪쳐온 날들
짧지 않기 때문이다

거대한 고래콧구멍굴 그 속에서 짓는 웃음
꼭하니 나그네라 그런 것은 아니다

한 줌의

모래를 집어
바다 멀리 흩는다

길에 관하여

길은 늘 살인혐의 벗어 던지지 못한다

그 누군가에 의해 굴레 씌워진 天刑

다 못 헬 증언의 밤을 쓰리게 기억한다

뒤틀려오는 아픔 죄다 삭이어 가며

그가 떠받치는 무한량의 저 허공!

길은 늘 살인혐의를 벗어 던지지 못한다

개진포에 와서

꽃잎들은 뛰어내리기를 주저하지 않는다
강물은 받아 안기를 마다하지 않는다
물결에 점점이 찍히는 흐느낌을 보아라

주저하지 않아도 슬픔은 슬픔이고
마다하지 않아도 아픔은 아픔이어서
모래톱 발자국 위로 물은 다시 고인다

해 지는 쪽으로 새 떼 날아오르고
끝 모를 시간이 붉은 꽃잎에 실려서
강안을 부딪치다가 아스라하니 흐른다

독도

떨어져 있어도 너는 홀로 있는 것 아니다

끝없이 댕기는 핏줄 느껴워하며 우리들

너에게 비로소 안겨 이 겨레를 생각한다

반도의 피붙이로 여기 이렇게 솟아나서

그 무슨 상징처럼 때로 더운 눈물처럼

독도여, 너는 언제나 우리 곁에서 우뚝하다

자기 땅이라고, 죽도라고 우기는

그네들을 보며, 너는 온몸으로 말하리라

조선의 혼이 내 안에 흐르고 있노라고

월정사 사마귀

강아지풀 같은 옷을 입었지만 너는

몹시도 도발적인 형상을 지녔다, 너는

무쇠를 끊어먹을 듯한 톱니를 지녔다, 너는

앞다리를 접고 앉은 모습이지만 너는

파닥거리다가 불시에 날아올라 너는

눈 속을 파고들지 모른다, 배암 같은 너는

여름, 우포늪

돌아와서 보니, 나는 한 마리 소였다

온몸이 젖은 채로
자라풀에 휘감기어

늦도록
뒤척거리는
한 마리의 소였다

가시연꽃, 노랑어리연꽃 연신 되새김질 끝에

밤새 진초록물을
삼켰다 뱉었다 하며,

늪 속을
허우적거리는
한 마리 붉은 소였다

주산지

비로소 너와 나는 마주하고 서 있다
왕버들 수십 그루 가슴에 심은 너와
수심의 즈믄 가지가 뻗어 아픈 내가

그리움이 저렇게 고인 것이라 믿는다
수십만 뿌리를 돌아 마침내 다다른 곳
사랑이 이룬 둘레와 깊이라고 믿는다

머물다 곧 떠나는 발걸음은 알 길 없다
너의 너른 품을, 네 사유의 폭과 깊이를
꿈꾸는 이들에게만 얼비치는 구름결을

물빛 발

빗줄기를 엮어서 물빛 발을 만들고 싶다

그 발 안쪽 내실 한켠에 그대 앉아 있어

보일 듯 보이지 않는 그런 때를 맞고 싶다

햇빛 잘 드는 날에도 물빛 빗줄기 발은

그대 문 앞 온전히 지키고 섰으리니

온몸이 젖고 싶은 이 가로막고 섰으리니

서출지

못물만 보면 소스라치는 이가 있어

봄꽃들은 연방 물결 위에 덧쌓이고

덧쌓여 못물 한복판 붉게 번져 흐른다

잡지 말라, 바람 따라 흔들리는 꽃가지

못물 한복판쪽으로 벋어난 꽃가지를

이젠 더 붙잡지 말고 지켜보라 이른다

5

결빙에 대하여

얼어붙지 않으려고 서로 밀어 올리려다
어느 한 순간 투명한 경계를 이룬

못물은
빗장 지른 뒤
때로 쩡쩡 울음 운다

가슴뼈 마디마디 온통 빠개 젖히며
못 견딜 속울음 벼랑 끝에 흩뿌리던

한 생애
어두운 그림자
얼어붙은 못물이다

대전리 우주목

1
사람소리, 개 짖는 소리 곧장 삼켜버리고
세계의 중심은 이곳이다, 엄히 이르며

우주로
향하는 로켓
그처럼 떡, 비티고 섰다

2
그 언젠가 우리가 잠이 든 사이에
그는 흔적 없이 사라질는지 모른다

수천만
뿌리들 일제히
곧게 일어설 그 때!

적벽

심호흡
심호흡

붉은 벽 앞의 심호흡

붉은 벽 안의 심호흡
붉은 벽 밖의 심호흡

무작정
다가설 수 없는

꽃밭머리
심호흡

절개지를 보며

절개지의 지층이 물에 흠뻑 밴 듯
유난히 뚜렷이 보이는 날이 있다

잘려져
나가던 날의
상흔을 기억하듯

떠올리고 싶지 않은 단절의 아픈 순간
그 골짝 어딘가에 굳은 채로 박혀 있을

빼저린
기억의 파편을
모자이크라도 한 듯

천애 저 멀리

수십, 수백만의 이팝나무 희디흰 꽃잎들을 다지고 다져 당신을 빚고 싶다, 또 한 사람의 갈매빛 영혼을

그가 곧장 꼭두서닛빛 하늘로 두둥실 떠올라 층층이 빛 부신 뭉게구름밭길을 홀연히 걸어가 버릴지라도, 그리하여 천애 저 멀리 자취 없이 영영 스러져 버릴지라도 결코 슬프지도 서럽지도 않을,

꽃들을 다지고 또 다져 당신을 빚고 싶다

가을 강

소리치지 않아도 멀리 흐르고 있다

산이 수천 년 동안
쓰고 있는 긴 편지

하늘이
이따금 그것을
유정히 읽고 있다

아무래도 강물은 노을 속을 흐르거나
타오르는 단풍 속으로 흘러야 맏이 옳다

이토록
아득한 편지
다 읽어낼 수 없기에

낙과

언제 떨어져 땅바닥에 나뒹굴지 모른다

채 여물기 전에 저렇게 으깨어진 것은

스스로 간절히 원했던 일이었을 것이다

가지를 떠나는 일의 내처 덧없음이여

간밤의 비바람을 탓하지를 않는다

어쩌면 그런 아픔까지 넘어섰을 터이니

예각에 대하여

유모차를
천천히 밀며
길을 가는
할머니

기울어진 몸이 점점, 땅에 가까워져서

종내는
저 언덕에 기대어
흙이 되어
갈 것이다

폭염

밭일을 하던 노인 밭고랑에 쓰러져서 일어나지 못하고 흙이 되어 버린 한낮

접시꽃
뙤약볕 속에
붉은 접시 내던진다

하산

돌과 바위들이 잘 받쳐주지를 않는다

각진 모서리, 툭 불거진 옹이들이

발끝을 꿰뚫을 듯이 연신 치솟고 있다

정상을 오른 것은 다만 절반일 뿐이다

온전히 내려와 지상에 닿기까지는

이 모든 저항들 앞에 고개 숙일 일이다

6

그 동안

서로를 제대로 눈여겨볼 틈도 없이

버겁고 숨 가쁘게
부대끼며 사는 동안

나뭇잎
한 장의 잎맥
섬세하게 뻗는다

배경

1

누군가의
뒷자리

한 사물이
되기까지

눈빛은 부드러워야 한다
걸음은 조심스러워야 한다

놓여서
귀하게 보이는
한 정물이 되기까지

2

달빛 실려 더 가벼이 떨어지는 꽃잎처럼

다함없는 빛으로

온몸에 스며들어

비로소
살아 숨쉬는

먼 언덕이
되고 있다

그의 일생

1
땅에다 책을 썼네
하늘에다 책을 썼네

발바닥으로, 눈빛으로 불철주야 책을 썼네

그것이
어느 날엔가
읽혀지리라 믿으며

2
그가 떠난 후로 그의 책으로 남은

하늘 저 한 모서리
짙푸른 저 언덕배기

햇살과
무한량의 바람
무장 내려앉는다

앤디워홀의 말

이제까지 이루어온 모든 것이 죽음이네

상수리 잎 지는 숲에 빼곡히 들어찬 어둠

걸어온 모든 길들이 빠짐없이 죽음이네

죽음이네, 내뱉는 말 휘몰아치는 바람의 힘

모든 이를 위한 기도, 모든 이를 위한 노래

함박눈 퍼붓고 있는 눈앞은 먼 죽음이네

가을 어느 날
— 이인성, 1934, 캔버스에 유채

1
황금빛 들판이 흰 구름을 밀어 올리자
아낙은 그만 젖가슴을 다 드러내놓고

먼 곳을
바라고 있다
그 눈빛 웅숭깊다

2
해바라기와 옥수수 사이로 눈길을 내리깐
단발머리 소녀의 꿈은 무엇일까, 무엇일까

하늘에
높다랗게 걸린
흰 구름들이 궁금해 한다

왼손을 뒤로 젖혀 꽃 대궁 휘어잡은
긴 머리의 아낙을 바깥으로 불러내어

넌지시
물어 볼까나,
햇살들도 수군거린다

속화에 대하여

1

베란다에 가득 돈 다발 쌓아 숨겨둔
그 즐거움을 아는가, 지독한 돈 냄새의

끈질긴
자력에 이끌린
허우적거림을 아는가

다 못 셀 가차명 계좌 허공에 열어 놓고
그 통장의 잿빛 무게 떠받들어 올리다가

종내는
지압에 짓눌려
이지러진 얼굴을!

2

바닷가
젖은 자갈밭
두 다리 뻗고 누워

밤하늘의 별빛 홀로 우러러 보라

그대가 가진 그 모든 것
파도 속에
묻힐지니,

권진규

1
깊은 밤 곡괭이로
어둠을 파헤쳐서

자신의 몸을 눕혀
그 위에 흩뿌렸나니.

그에게 대명천지는
몹쓸 캄캄함이었네

2
목 맨 그 힘으로
버팅기고 살아남아

空, 破滅* 그 너머로
솟구쳐 올랐다면

그에게 대명천지는

붉은 꽃밭이었으리

*조각가 권진규는 空, 破滅이란 유서를 남기고 스스로 목숨을 버렸다.

육체의 때

꽃나무의 남은 때
바위 벼랑의 남은 때

강물의 남은 때
뭉게구름의 남은 때

그 뉘도
헤아리지 못할
그날은 더디 오리

그날은 곧장 오리
사슴뿔의 남은 때

마천루의 남은 때
천년 탑신의 남은 때

당신의
두 어깨와 잔등
눈물의 남은 때는

권정생

좁은 마당 곳곳, 묵은 세간은 놓여
떠난 일이 종내 믿기지 않은 듯 빛나고
문고리 흔들고 싶은 바람이 찾아왔다

교회당 종소리, 오층 전탑 휘돌아 나와
마당에 버티고 선 너럭바위 두드리고
불현듯 수도꼭지 틀어 함께 물을 받았다

눈물꽃나비

*

인생·······························구 름의 생일.

*

그는 마그마의 아들, 태양의 장자. 아샤, 투르게네프.

*

어디선가 시멘트 바닥 긁히는 소리가 났다. 퍼뜩 돌아보니, 빈 과자봉지 하나가 바람에 떠밀리어 가면서 내는 소리였다.

*

명곡에서 용연사 가는 길은 고즈넉하다. 못물이 있고, 솔숲이 있고, 진달래꽃이 지천이고, 새들이 오고간다. 순식간에 길을 가로질러가는 새떼들은 유리창 앞에서 한 줌 싱그러운 흙이다. 알맞게 젖은 흙 한 줌은 또 순식간에 새떼들로 몸바꿈을 한다.

흔치 않은 그런 장면과 맞닥뜨릴 때 남모르는 환희를 느낀다.

*

아주 요요한 곳에 명적암이 있다.

용연사 옆길을 따라 좁다란 산길을 한 오리쯤 오르면 꽤 넓은 구릉지가 나타난다. 인적이 끊길 만한 곳이다. 노스님과 몇 마리의 개가 그곳을 지키고 있다. 멀리서도 잘 짖던 개도, 스님도 세 번째 찾아갔을 때는 보이지 않는다. 노고지리만 물이 한껏 올라 푸릇푸릇한 높은 나뭇가지 위에서 우짖고 있다.

비슬산의 위엄이 내리덮고 있는 골짜구니, 나는 그곳에서 원시의 서정과 만나는 기쁨을 누린다. 참으로 시가 깃들만한 풍광이 거기에는 있다. 쉼의 의미가 바람결에 서늘하니 전해져 온다.

*

산길 곁의 못물은 정겹다. 왼쪽길에는 셋, 오른쪽길에는 하나. 못물은 마른 가슴을 적신다. 바라보기만 해도 눈을 젖게 한다. 마음 깊숙이 스며드는 물의 기운은 심호흡을 하게 만든다. 산길이 거느리는 못물. 그래서 산길은 더욱 서정적이다.

붉은 꽃잎으로 무한정 뒤덮여 있는 봄날의 못물은 황홀한 나머지 제대로 숨을 쉬지 못한다.

*

4월 초순 통일전 뜨락은 자목련이 만개한다. 아무리 보아도 자목련 꽃송이는 새로 보인다. 수백 수천의 자목련새들이 곧장 날아오를 듯 날개를 펼치고 있다. 나는 그것에서 눈길을 떼지 못한다. 언제 날아오를지 알 수 없기 때문이다. 그러나 불행하게도 자목련새들은 한 마리도 비상하지 못하고 땅으로 내려앉는다. 내려앉아 이내 시들고야 만다. 그것은 못내 슬픈 일이다. 해마다 나는 그 일을 되풀이해서 겪지만, 자목련새는 눈물꽃나비처럼 꿈속에서만 날아오를 뿐이다.

경주 남산 기슭 하늘을 날아오르는 새여. 자목련새여. 눈물 어룽지게 하는 자줏빛 나의 새떼들이여.

*

꽃송이, 저 붉은 꽃송이들이 붙잡는 발길, 눈길. 그래, 그래 네가 붙들 때 나는 걸음을 멈출 수밖에 없다.

지금 멈추지 않으면 너와 어찌 이 봄을 함께 했다 말하랴. 네 강렬한 눈빛에 이미 불타버린 내 마음을 너는 송두리째 앗아 가버렸으니, 너와 함께 한 이 저물녘을 나는 이제 저 강물에 결코 한 점도 흘려보낼 수는 없으리라.

복사꽃이여. 숨이 콱 막혀버릴 밤이 저만큼 오고 있어, 복사꽃이여. 나는 너의 눈부심을 어쩌지 못해 네 이름을 목 놓아 부른다. 즈믄 해이듯 그렇게…….

*

나를 늘 지켜보고 있는 이 세상에서 가장 아리따운 佳人. 생각할 때마다 숨이 막힌다. 정수리로부터 일어난 불같은 전율이 순식간에 온몸을 뜨겁게 달구어 버린다. 때로 소스라치게 한다. 자지러지게 한다. 미어지게 한다. 거꾸러지게 한다. 들끓어 오르게 한다. 목청껏 부르짖게 한다. 내가 그인지 그가 나인지 모를 시간은 우리를 끊임없이 휩싸고 흐른다.

나는 그를 생각할 때마다 "아아!"라는 찬탄을 터뜨릴 뿐이다.

*

고령 개진포. 한적한 강변을 따라 걷는다. 해저물녘

이다. 주위엔 아무도 없다. 이따금 청둥오리떼가 푸드덕 날아오르고, 서녘하늘은 붉게 물들어 가고 있다. 강물 위로 떠내려갔을 꽃잎들을 떠올려 본다. 강물 위로 떠내려갔을 옛사람들을 떠올려 본다. 그들의 붉은 얼굴이 강물 위로 시방 얼비치는 듯하다. 그리고 내게 뭔가 말하고 있는 듯하다.

'무얼 얻으려 이 강가를 서성거리고 있느뇨? 그냥 서나서나 흘러갈지니…….'

*

차를 몰고 달린다. 청송 쪽으로 가기 위해서다. 탑리 오층석탑을 만나고, 한반도에서 가장 먼저 솟아오른 화산인 금성산과 수정사, 지붕에 백일홍 붉은 꽃이 전설처럼 뒤덮인 용문정을 막 들러보고 가는 길, 멀리 길 한머리에 작은 팻말이 하나 보인다. '이곳은 佳音面입니다.' 의성군 가음면이었다. 내가 아주 어릴 적 누이들로부터 자주 들은 동네이다. 한자로 적혀 있는 것이 특이했다. 보는 순간 나는 어떤 벼락같은 영감을 정수리에 받은 듯 오, 나의 아호를 저것으로 해야 하겠다고 마음먹었다. '아름다울 佳 소리 音, 으음 佳音이라?'

2000년 여름 어느 날이었다. 나는 그 이후로 가음이라는 이름의 시인으로 살고 있다.

*

나는 도적이다. 그리움으로 채워진 궤짝을 훔친……. 그 궤짝 등에 짊어지고 천년의 분화구에 뛰어든 슬픈 도적이다.

분화구를 오랫동안 내려다본 적이 있다. 하얀 김이 피어오르는 분화구 아래는 들끓어 오르고 있었는데, 기이하게도 청자와 같은 푸른 빛깔이었다. 그리움으로 가득 채워진 궤짝을 등에 지고 그 속으로 뛰어든다면 순식간에 다 녹아 없어져버릴 듯 하였다. 머릿속이 어둠으로 꽉 차 있었다면 나는 그 자리에서 곧장 뛰어내렸을 지도 모른다. 그러나 이국의 하늘이 퍽이나 맑고 푸르러 나는 그런 생각이 전혀 들지 않았다.

그럼에도 나는 도적이다. 천년의 분화구에 뛰어든 뒤로 여태 나오지 아니 한, 나오지 못한 슬픈, 도적이다.

*

초평 저수지는 꽤 크다. 언덕길에서 보면 멀리 작은 섬이 보인다. 섬 안에는 매운탕집이 있다. 차에서 클락션을 두어 번 울리면 배가 곧장 물살을 헤치며 달려 나온다. 배를 타기 전 벼랑의 나무를 쳐다보는데 손님을 태우러 온 사람이 말했다. 미선나무라고. 천연기념물, 바로 그 나무였다. 그 옆에는 낡아 이제 쓸 수 없는 목선이 하나 매여 있었다. 일행은 목선을 디뎌 밟고 배를 탔다. 마지막으로 배에 오르면서 나는 작은 목소리로 혼자 중얼거렸다.

'미선나무 아래 마침내 배를 대다!'

*

향산. 측백수림이 있는 산이다. 그곳에는 해탈교가 있다. 몇 번 그 다리를 건넜지만, 해탈할 수가 없어 측백나무를 끌어안고 향산에 묻히고 싶었다. 향산의 어둠은 향기로웠다. 향산의 입술은 늘 촉촉이 젖어 있었다. 나는 그곳에서 대체 몇 날 밤을 보냈는지 모른다. 내 발자국들은 이미 화석이 되어 있을 것이다. 향산의 아랫도리를 적시는 실개천은 꽃으로 뒤덮여 있을 것이다.

나의 시간은 오래도록 그곳에 묶여 달빛을 받고 별빛을 받으며 혼자 속울음을 삼키다가 하얗게 말라 바스러져갔다. 아주 오래 전 그날, 즈믄 해의 설화처럼 까마득히…….

*

아스팔트길을 벗어나자 좁다랗고 몹시 가파른 산길이 가로막고 선다. 십리 가까이 톺아 올라가니 鴨谷寺가 멀리 보인다. 물안개가 골짜기에서 산중턱으로 몰

려올라 가고 소쩍새가 구슬프게 울음 운다. 한 여인이 돌계단을 내려온다. 문득 마주친 눈빛, 엷은 어둠이 드리운 얼굴이다. 살포시 미소를 띠자 곧 그늘이 걷히면서 낮달처럼 환해진다. 이적지 어떤 연유의 삶을 꾸려온 것일까? 나의 어깨와 반 뼘도 채 안 될 사이를 유지하며 스쳐 지나간다.

군위군 고로면 낙전리 싸리밭골 남쪽 깊숙한 산기슭한 비탈에 자리한 압곡사, 수십 년 전 내 누이들이 봄철이면 원족을 갔던 곳이다. 나는 지금 애년을 넘겨 혼자 원족 중이다. 절을 만나러 왔다가 조금 전 불현듯 맞닥뜨린 한 여인에게 사로잡혀 있다. 벼락같이 돌아보니 흔적조차 보이지를 않는다.

아아, 시는 이렇듯 멀고 사랑은 다함없이 아득한 것인가.

*

돌우물마을이 있다. 유난히 우물이 많은 곳이어서 그런 이름을 가졌을 듯하다. 의성군 안계면 교촌리, 봉화가 오르던 봉화산 자락 아래 터 잡은 작은 동네. 일찍이 시인의 태를 묻은 볕살 환한 언덕배기 위에 미루나무 한 그루가 두 개의 새 둥지를 품고 연신 흔들리며, 꽁꽁 얼어붙은 손바닥만한 못물을 내려다보는 곳이다. 퍽이나 안온하고 평화로워서 눈길이 절로 젖어드는 마을. 그곳에 잠시 머무는 동안 누군가의 숨결과 향기가 흡사 봄날의 아지랑이처럼 피어오르는 것을 보았다.

솔숲과 복숭아밭 아래 논이 넓게 펼쳐져 있다. 찰진 안계쌀이 저 기름진 논두렁에서 나왔으리라. 그 쌀로 자신의 몸과 마음을 살찌우며 자랐을 시인의 얼굴이 눈앞에 다정하게 어른거린다. 그대가 종내 시인일 수밖에 없는 까닭을 이 돌우물마을은 간직하고 있구나. 이 돌우물마을의 산과 들, 냇물과 하늘은 깊숙이 보듬어 안고 있구나.

나는 유정하게 돌아보고 또 돌아보며 발길을 돌린다.

*

평소 클래식을 즐겨 듣는다. 내가 좋아하는 음악가는 다른 이들과 별반 다르지 않다. 바흐, 헨델, 베토벤, 모차르트, 브람스, 슈만, 슈베르트, 멘델스존, 파가니니, 안토니오 비발디, 에드워드 엘가, 쇼스타코비치, 글렌 골드, 기돈 크라이머, 라흐마니노프, 안네 소피 무터, 조수미, 장한나, 장 필립 오딘, 임우상, 홍세영, 김상은……. 특히 운전하면서 듣는 것을 퍽 좋아한다. 베토벤의 전원교향곡은 천 번도 더 들었으리라. 슈베르트의 숭어 제4악장은 감미로움의 극치다. 비발디의 「사계」는 1978년 12월 경북 금릉군 증산면 장전리 에서 새벽녘에 처음 음반을 통해 들었다.

그 때의 장중한 느낌은 아직도 생생하다. 그 울림이 내 핏속을 면면히 흐르고 있는 것을 이즈음도 느끼고 있다. 그 산골짝 겨울바람과 함께.

*

브람스는 스승 슈만의 아내인 클라라를 흠모한 나머지 일생을 혼자 살았다. 눈물 그렁그렁하게 하는 브람스의 음악은 눈물을 마구 쏟아지게 하는 차이코프스키 음악과는 판이하게 다르다. 브람스를 들으며 가을날의 음울함을 이겨내었다는 이야기를 한 지인에게서 들은 적이 있다.

엘가의 「사랑의 인사」는 그의 처녀작이다. 스물여덟 살의 엘가는 아홉 살 연상의 아내에게 이 곡을 헌정하면서 결혼한다. 그 후 그의 아내는 내조에 지극정성을 다한다.

그들의 사랑과 예술혼은 생의 의미를 깊게 하기에 모자람이 없다. 내가 음악을 듣고, 시를 쓰고, 노래하는 것은 눈물꽃나비를 만나기 위한 소망 때문이다. 눈물꽃나비는 나에게 무엇인가? 대체 그의 존재는 무슨 의미를 가지는 것일까?

아직 아무도 본 적이 없는 눈물꽃나비를 찾아 나는

날마다 길을 떠난다.

*

육체의 남은 때, 목숨의 남은 때를 아무도 모른다. 구름과 같다. 바람과 같다. 물결과 같다. 흰나비의 날갯짓과 같다. 하여 그 때에 매여 가만히 앉아 있을 수는 없다. 다함없는 도전, 다함없는 불길 속을 달려가야 하는 것이다.

남은 때가 닥치면 한 방울 이슬마냥 소리 소문 없이 스러질 일이다.

*

쉰을 넘어서도 여태 마그마처럼 속에서 들끓어 오르는 열정과 도전의식을 버리고 있는 이가 있다면 그를 어떻게 보랴. 끝과 맞닥뜨릴 때까지 가고자 하는 그를 대체 어떻게 하랴. 그의 걸음이 끝의 끝에 당도할 때까지 유정히 지켜 볼 밖에 다른 도리가 없지 아니 하랴.

*

오오, 시여.
내 유년의 뜰 학암리.
눈물꽃나비여.

이 정 환

1954년 경북 군위에서 남.
1981년 〈중앙일보〉 신춘문예로 문단에 나옴.
시집 『아침 반감』, 『서서 천년을 흐를지라도』, 『불의 흔적』,
『물소리를 꺾어 그대에게 바치다』, 『금빛 잉어』,
『가구가 운다, 나무가 운다』, 『원에 관하여』 등을 펴냄.
중앙시조대상, 이호우시조문학상 등을 받음.

분홍 물갈퀴

초판 1쇄 펴낸 날 / 2009년 3월 30일

지은이 / 이 정 환
펴낸이 / 박 진 환

펴낸 곳 / 만인사
등록번호 / 1996년 4월 20일 제03-01-306호
주소 / (우)700-813 대구광역시 중구 대봉2동 743-7
전화 / (053)422-0550
팩스 / (053)426-9543
홈페이지 / www.maninsa.co.kr

ISBN 978-89-6349-000-7 03810

값 7,000원